FIRST CLASS
FLIGHT: B 858
GATE : 4
FROM :
TO :
SEAT
26B
NO. 0000000000000000
GATE : 07
TIME : 10:25

ISBN : 978-2-412-04334-9
Dépôt légal : janvier 2019
Imprimé en Italie

Édition : Frédéric Lorreyte
Couverture et mise en page intérieure : NoOok
Illustrations : Freepik, Vecteezy, Shutterstock

Éditions First, un département d'Édi8
12, avenue d'Italie
75013 PARIS – France
Tél. : 01 44 16 09 00
Fax : 01 44 16 09 01
E-mail : firstinfo@efirst.com
Site Internet : www.editionsfirst.fr

François Jouffa et Frédéric Pouhier

TU SAIS QUE TU AS BESOIN DE VACANCES QUAND...

FIRST
ÉDITIONS

AVANT-PROPOS

Crevé, exténué, épuisé… les qualificatifs ne manquent pas pour décrire ton état. Mais à quand remontent tes dernières vacances ? Trois mois, six mois, un an, plus ? Non, le week-end chez mamie pour fêter ses 80 ans, ça ne compte pas comme des vacances.
Même ton corps essaie de te faire passer un message :

Salut, c'est tes jambes, on se sent lourdes et bien trop pâles.
Hello, c'est ton cerveau. J'en peux plus, je veux dormir.
Eh mec, c'est tes rétines, j'aimerais voir autre chose que les couloirs gris du métro. Des culs bronzés, par exemple.

Oui, tu ne le savais peut-être pas, mais les rétines sont de petites obsédées.
Attention au surmenage, ça devient urgent d'étendre ton corps sur une plage de sable fin ! Alors quoi de mieux qu'un petit livre pour patienter, avant de partir loin, pour des vacances bien méritées ?

F. P.

TU SAIS QUE TU AS BESOIN DE VACANCES QUAND

... tu es fatigué rien
qu'à l'idée de
lire ce livre.

PUBLICITÉ

Partez en vacances à la Réunion,
on y trouve tout pour la famille :
du sable pour les enfants,
du soleil pour madame,
des cocktails pour monsieur,
et des requins pour belle-maman.

CITATION

« Je suis un pacemaker en panne. »

(Frédéric Beigbeder)

LES 4 STATUTS À NE PAS PUBLIER SUR TON FACEBOOK AVANT DE PARTIR EN VACANCES

1. Je suis à l'étranger jusqu'au 15/08, mon digicode est le 5089 et la clef est sous le paillasson.
2. Ne dites pas à mon patron que je ne suis pas vraiment malade.
3. Vive le Tibet libre ! Je vous écrirai depuis la Chine la semaine prochaine.
4. Pense-bête : mon numéro de carte bleue est le 5687 3466 8999, la date d'expiration le 08/21 et le cryptogramme, c'est 975.

TU SAIS QUE TU AS BESOIN DE VACANCES QUAND...

- ... ce ne sont pas des valises que tu as sous les yeux, mais des malles.
- ... tu commences à ressembler à la photo de ton permis de conduire.
- ... tu es incapable de te souvenir de ton digicode.
- ... tu viens de te brosser les dents avec de la mousse à raser.

PERLES DE VACANCIERS

Voici un commentaire laissé sur le site d'un hôtelier :
« Le topless devrait être interdit sur la plage. Notre séjour a été gâché, mon mari a passé toutes ses journées à regarder les autres femmes. »

CITATION

« Être en vacances, c'est n'avoir rien à faire et avoir toute la journée pour le faire. »

(Robert Orben)

QUIZ

Quelle est l'étymologie du mot « vacances » ?

a. Il vient du latin *vacum* qui veut dire « repos ».

b. Il vient du latin *vacant* qui signifie « inoccupé ».

c. Il vient du grec *Mykonos* qui signifie « mojitos au soleil ».

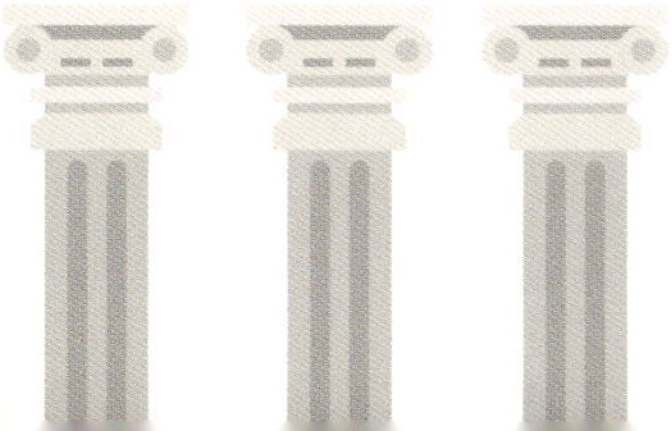

Réponse : b.

TU SAIS QUE TU AS BESOIN DE VACANCES QUAND...

- ... tu sors dans la rue en chaussons.
- ... tu as bloqué ta carte bancaire après avoir fait 3 mauvais codes.
- ... pour le dîner, même ouvrir une boîte de conserve est trop fatigant.
- ... tu vas chercher ta fille à la crèche, alors que tu n'as pas de fille. Il faut que tu le racontes à ta femme. Ah oui, c'est vrai, tu n'as pas de femme non plus.

RÉPLIQUE DE FILM

« Chassez le naturiste,
il revient au bungalow ! »

(*Camping*)

CITATION

« Les vacances datent de la plus haute Antiquité. Elles se composent régulièrement de pluies fines coupées d'orages plus importants. »

(Alexandre Vialatte)

5 CHOSES À NE JAMAIS DIRE À QUELQU'UN QUI NE PEUT PAS PRENDRE DE VACANCES

1. « Ça t'embête de faire des heures sup', tous tes collègues sont en congé ? »
2. « Tu es devenu gothique ou tu es très fatigué ? »
3. « Ce doit être dur de travailler avec cette chaleur ! »
4. « Comment peux-tu être fatigué en travaillant dans un bureau ? »
5. « Tu peux garder mon chat cet été ? »

TU SAIS QUE TU AS BESOIN DE VACANCES QUAND...

- ... tu insultes ton réveil tous les matins.
- ... tu es tellement fatigué que tu viens de dire bonjour à un mannequin dans une boutique.
- ... un tout petit verre de rosé te met K.-O.
- ... tu as mis deux chaussures différentes ce matin.

À MÉDITER

« La fainéantise
est un ennemi,
celui qui la fuit
est un lâche ! »

CITATION

« Personne n'a autant besoin de vacances que celui qui vient d'en prendre. »

(Albert Hesbade)

UNE INFO À ENVOYER À UN POTE EN VACANCES

Selon une étude
scientifique, une piscine
publique contient
en moyenne entre
50 et 70 litres d'urine,
50 litres de sueur
et de la matière fécale.

Bonne baignade !

TU SAIS QUE TU AS BESOIN DE VACANCES QUAND...

- ... tu t'endors dans les transports en commun.
- ... tu es tellement stressé que ton stress te stresse.
- ... tu espères que ta soirée entre amis va être annulée.
- ... tu procrastines même ta procrastination.

QUIZ

Quelle émission de télévision française a été diffusée, chaque été, sur France 3 entre 1987 et 1997 ?

a. *Youpi, c'est l'été.*

b. *40° à l'ombre.*

c. *Croque-vacances.*

Réponse : b.

CITATION

« J'aimerais pas faire le tour du monde. Quand t'as fait ça, tu sais plus où aller en vacances, pas vrai ? »

(Jean-Marie Gourio)

4 BONNES RAISONS DE NE PAS PRENDRE SES VACANCES EN ÉTÉ

1. Pour profiter de la vie au bureau sans les chefs.
2. En étant enfermé dans un bureau climatisé, j'évite les coups de soleil.
3. Même au bureau, je peux porter mon string de bain sous mon costume.
4. Je viens d'être embauché il y a 8 jours et mon chef a refusé de me laisser partir au soleil. Le salaud !

TU SAIS QUE TU AS BESOIN DE VACANCES QUAND...

- ... tu ne supportes plus le moindre contact avec un autre humain.
- ... tu souhaites un bon week-end à tes collègues, le lundi soir.
- ... tu n'as même plus le courage de te maquiller.
- ... même ton chat t'agace.

PERLES DE VACANCIERS

« Durant mes vacances à Bombay, en Inde, j'ai été dégoûté de constater que presque tous les restaurants servent du curry. »

CITATION

« Ça me fait marrer les mecs qui parlent de leurs vacances d'été à Deauville. Tu parles d'un privilège. À chaque fois que j'y suis allé, c'était la banquise. Avec la pluie en plus. Je cherchais les pingouins. »

(Jean Yanne)

HISTOIRE DRÔLE

Un homme raconte ses vacances à son collègue :

« La première semaine, on a tout subi : la pluie, la neige, la grêle, le verglas, les tempêtes… et la deuxième semaine, ça s'est gâté…

– Et qu'est-ce qui s'est passé ?

– Ma belle-mère a débarqué… »

TU SAIS QUE TU AS BESOIN DE VACANCES QUAND...

- ... tu es à deux doigts de gifler tes collègues.
- ... tu fais des cauchemars à propos du boulot.
- ... tes cernes ont des cernes.
- ... tu essaies de changer de chaîne avec ton téléphone portable.

À MÉDITER

« Les seules vacances de l'homme sont les neuf mois qu'il passe dans le sein maternel. »

(Frédéric Dard)

CITATION

« Pourquoi, en vacances, s’obstine-t-on à choisir douze cartes postales différentes, alors qu’elles sont destinées à douze personnes différentes ? »

(Sacha Guitry)

PERLES DE VACANCIERS

« La plage est
à 200 mètres de la
location. Mais à pied
ou en voiture ? »

TU SAIS QUE TU AS BESOIN DE VACANCES QUAND...

- ... tu t'excuses auprès de ta chaise pour l'avoir bousculée.
- ... tu ne sais plus où tu as garé ta voiture. Ah oui, c'est vrai, tu n'as pas de voiture.
- ... tu as essayé de badger à ta porte d'entrée.
- ... tu mets du sel dans ton café.

UNE RAISON DE PRÉFÉRER LE BUREAU À LA PLAGE

Il n'y a aucun risque de se faire attaquer par un requin dans un open space.

CITATION

« On n'a jamais vu un aveugle dans un camp de nudistes. »

(Woody Allen)

HISTOIRE DRÔLE

Un homme va voir son médecin et lui dit :

« Docteur, il m'arrive d'être fatigué.

– Et le reste du temps ?

– Le reste du temps ? Je dors. »

TU SAIS QUE TU AS BESOIN DE VACANCES QUAND...

- ... tu as rangé ton linge dans le frigo.
- ... tu as composé un numéro de téléphone sur ta calculatrice.
- ... tu bois plus de café que d'eau.

SONDAGE

Sur une échelle de 1 à 10, à quel point as-tu besoin de vacances ?

1. 1.

2. 5.

3. 10.

4. Je n'ai même pas le courage de monter sur l'échelle.

CITATION

« Pour bronzer en Bretagne, faut être aux Antilles ! »

(Jean Yanne)

5 CHOSES À NE JAMAIS DIRE À QUELQU'UN QUI NE PEUT PAS PRENDRE DE VACANCES

1. « Tu es juillettiste ou aoûtien ? »
2. « Je ne dis pas que tu as mauvaise mine, je dis juste que tu ressembles à ma grand-mère le jour de ses obsèques. »
3. « Tu as raison de ne pas partir, c'est très surfait les vacances. »
4. « Tu as de la chance. Le mois d'août au bureau, c'est tellement tranquille. »
5. « T'inquiète, je t'enverrai des photos ! »

TU SAIS QUE TU AS BESOIN DE VACANCES QUAND...

- ... tu as
une irrésistible
envie
de barbecue.
- ... tu serais
même prêt
à partir en vacances
en Normandie.
- ... tu es capable de t'embrouiller
avec un collègue pour savoir si on
dit pain au chocolat ou chocolatine.

À MÉDITER

« Les hommes
sont comme
les vacances,
ça ne dure pas assez
longtemps. »

CITATION

« Je reviens de vacances, et j'suis crevé, dis donc. Je sais pas qui a dit que partir, c'est crever un pneu, mais il avait raison. »

(Coluche)

4 ASTUCES POUR SE CROIRE EN VACANCES SANS QUITTER LA MAISON

1. Étale la litière de ton chat à côté de ta baignoire, tu auras l'impression d'être à la plage.
2. Monte ta tente au milieu du salon.
3. Enduis-toi de monoï.
4. Regarde un beau coucher de soleil sur les photos Facebook de tes amis qui, eux, sont en vacances !

TU SAIS QUE TU AS BESOIN DE VACANCES QUAND…

- … ta motivation pour aller au travail est proche de zéro.
- … ton patron te parle et tu es incapable de te souvenir de ce qu'il t'a dit. Il t'a félicité ou engueulé ?
- … tu viens de te désinscrire de Facebook après avoir vu des photos de tes amis à la plage.

DEVINETTE

Où les frères Bogdanoff passent-ils toutes leurs vacances ?

Réponse : à Menton.

TÉMOIGNAGE

« Ma femme a dû se faire hospitaliser deux jours, ça a été les meilleures vacances de toute ma vie. »

TU SAIS QUE TU AS BESOIN DE VACANCES QUAND...

- ... tu as la même énergie au travail que Doc Gynéco sur scène.
- ... tu rigoles bêtement en lisant ce livre, même s'il est vrai qu'il est très drôle.
- ... tu as serré la main de ton mec et embrassé ton boss.
- ... tu commences à trier les photos de tes dernières vacances.

TU SAIS QUE TU AS BESOIN DE VACANCES QUAND...

- ... tu es aussi blanc qu'un évier de salle de bains.
- ... ton ordinateur portable te sert d'oreiller.
- ... tu craches dans tes lunettes en rêvant que tu t'apprêtes à faire de la plongée.

À MÉDITER

« Rien de tel
que des vacances
ratées pour vous
réconcilier avec
une vie de labeur. »

(Arnold Bennett)

TU SAIS QUE TU AS BESOIN DE VACANCES QUAND...

- ... tu commences à te poser des questions existentielles : pourquoi la vie ? Sommes-nous seuls dans l'univers ? Qu'est-ce qu'on mange ce soir ?
- ... tu as non seulement la tête, mais aussi les épaules, dans le cul.

TÉMOIGNAGE

« Je suis en burn-juillet, c'est comme en burn-out, mais plus tôt. »

TU SAIS QUE TU AS BESOIN DE VACANCES QUAND...

- ... tu as appelé ta femme avec le prénom de ton ex.
- ... tu te roules dans le bac à sable de ton fils en t'imaginant sur la dune du Pilat.
- ... tu viens d'être casté pour jouer dans un film de zombies.

HISTOIRE DRÔLE

Un salarié demande à son patron :

« Monsieur, je voudrais un congé exceptionnel pour me marier.

– Comment ? s'énerve le patron. Vous êtes parti tout le mois de juillet en congé. Pourquoi n'en avez-vous pas profité pour vous marier ?

– N'importe quoi ! proteste l'employé. Pour gâcher mes vacances ?! »

TU SAIS QUE TU AS BESOIN DE VACANCES QUAND...

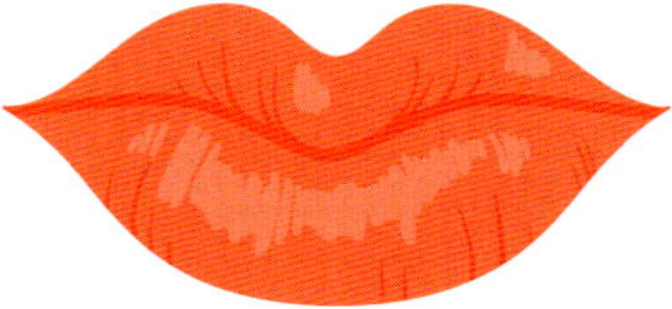

- ... tes yeux sont aussi gonflés que les lèvres d'Emmanuelle Béart.
- ... à une compétition de sieste, tu finirais médaille d'or.
- ... même à jeun, tu as l'impression d'être bourré.

CITATION

« La terrasse, ça fait vacances, alors que le comptoir, ça fait boulot. »

(Jean-Marie Gourio)

TU SAIS QUE TU AS BESOIN DE VACANCES QUAND...

- ... tu ne te souviens plus en quelle année nous sommes.
- ... tu te couches le vendredi à 20 heures et tu ne te réveilles que le samedi soir.
- ... tu viens de passer 20 minutes à chercher tes clés, alors qu'elles étaient dans ta main.

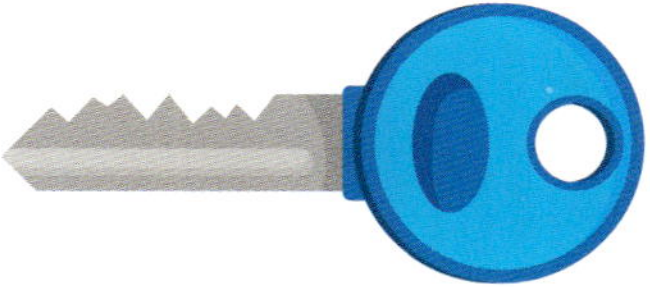

UNE RAISON DE PRÉFÉRER LE BUREAU À LA MONTAGNE

Une montagne
de paperasse
n'a jamais engendré
d'avalanche.

TU SAIS QUE TU AS BESOIN DE VACANCES QUAND...

- ... tu as vidé tous les tubes de vitamines de ta boîte à pharmacie.
- ... même avec un kilo de blush sur le visage, tu as toujours aussi mauvaise mine.
- ... tu es aussi motivé qu'un employé municipal corse un jour de canicule.
- ... au boulot, tu passes des heures sur des comparateurs de vols.

À MÉDITER

« Les années passent si vite ! Profitons-en et comme l'écolier pendant ses vacances de Minerve, hâtons-nous, hâtons-nous de jouir ! »

(Horace, *Épîtres*)

TU SAIS QUE TU AS BESOIN DE VACANCES QUAND...

- ... tu as tartiné ton téléphone avec du Nutella.
- ... tu souhaites une bonne soirée à un distributeur automatique.
- ... tu as l'impression que ton corps et ton cerveau ont décidé d'arrêter leur cohabitation.
- ... on t'a confondu dans la rue avec le Père Fouras.

À MÉDITER

« Le travail,
ça salit, ça fatigue
et ça déshonore. »

(Jacques Dutronc)

QUIZ

Qui a déclaré : « Les vacances sont faites pour avoir des relations sexuelles plus fréquentes » ?

a. Le pape François.

b. Rocco Siffredi.

c. Stéphane Bern.

d. Julio Iglesias.

Réponse : c.

5 BONNES RAISONS DE NE PAS PARTIR EN VACANCES

1. Pour éviter les piqûres de moustiques.
2. Pour ne pas se faire cambrioler.
3. Pour ne pas subir de douloureux coups de soleil.
4. Parce que les vacances ne vident pas que la tête, elles vident également le porte-monnaie.
5. Pour avoir de la 4G sur ton téléphone et pas du EDGE.

TU SAIS QUE TU AS BESOIN DE VACANCES QUAND...

- ... ta libido est la même que celle d'un eunuque.
- ... tu termines un mail à ton P.-D.G. par « Bisous ».
- ... tu as déjà envoyé, par erreur, un sexto à ta mère.
- ... tu jalouses les automobilistes bloqués dans les embouteillages sur l'autoroute du soleil.

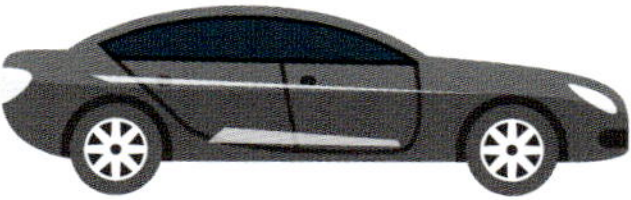

TÉMOIGNAGE

« Cet été,
j'ai passé mes
congelés payés
en Normandie. »

TU SAIS QUE TU AS BESOIN DE VACANCES QUAND...

- ... tu as chopé une grippe au mois de juin.
- ... ton réveil est devenu ton ennemi numéro 1.
- ... tu es tellement grincheux qu'au bureau, on te surnomme Jean-Pierre Bacri.
- ... tu es tellement émotif que tu pleures devant une pub pour un yaourt.

QUIZ

Quel acteur ne joue pas dans le film *Les Sous-doués en vacances* ?

a. Daniel Auteuil.

b. Gérard Lenorman.

c. Patrick Bruel.

Réponse : c.

TU SAIS QUE TU AS BESOIN DE VACANCES QUAND...

- ... tu fais tes courses et que tu reviens chez toi en ayant oublié d'acheter la moitié des articles de ta liste.
- ... sur Internet, tu regardes quel temps il fait en Thaïlande.
- ... pour la cinquième fois de la journée, tu envoies un mail intitulé : « Avec la pièce jointe, c'est mieux 😜 »

RÉPLIQUE DE FILM

« J'ai des envies de voyages. L'Océanie, Bora-Bora, les vahinés… tu connais ?

– Pourquoi ? Tu veux m'emmener ?

– On n'emmène pas des saucisses quand on va à Francfort. »

(*Le Pacha*)

TU SAIS QUE TU AS BESOIN DE VACANCES QUAND...

- ... tu es tellement fatigué que tu en as des insomnies.
- ... la dernière fois que tu as vu la mer, Jacques Chirac était encore président.
- ... tu as réveillé tes enfants et tu as couru pour les déposer devant leur école avant de réaliser que c'était dimanche.

CITATION

« Prendre ses vacances au début de l'été c'est "in", les prendre à la fin, c'est "août". »

(Philippe Geluck)

TU SAIS QUE TU AS BESOIN DE VACANCES QUAND...

- ... tu passes des heures à voyager virtuellement sur Google Street View.
- ... ton patron te supplie de prendre quelques jours de congé.
- ... l'espace d'un instant, tu as oublié le prénom de ta fille. « Excuse-moi, Léa... Marion, pardon. »
- ... tu n'as que du zouk et de la salsa dans ta playlist.

UNE BONNE QUESTION

Est-ce que, à Tahiti, il y a des gens qui se lavent avec du Finistère douche ?

HISTOIRE DRÔLE

C’est un donut qui court sur la plage. À un moment, il hurle : « J’vais m’beignet ! »

3 VENGEANCES CONTRE CEUX QUI PARTENT EN VACANCES

1. Intervertir les ordinateurs de vos collègues.
2. Profiter des vacances de la concierge pour jeter des cartons dans la poubelle bleue. #Rebelle.
3. Partir en vacances en septembre pour narguer tous ses collègues et amis.

TU SAIS QUE TU AS BESOIN DE VACANCES QUAND...

- ... tu te vexes pour un rien. « Mais non, je ne me vexe pas ! »
- ... tu parles tout seul dans la rue.
- ... à cause de la fatigue, tu as autant de vocabulaire qu'un footballeur professionnel.
- ... tu n'as même pas le courage de regarder ta série préférée.

HISTOIRE DRÔLE

« J’ai vraiment besoin de vacances.

– Mais tu es en retraite.

– Et alors ? Je ne vois pas le rapport. Je suis en retraite de septembre à juin et en vacances de juillet à août. »

TU SAIS QUE TU AS BESOIN DE VACANCES QUAND...

- ... tu viens de draguer une de tes ex dans un bar sans l'avoir reconnue.
- ... tu rates, un jour sur deux, ta station de métro.
- ... à cause de l'autobronzant, tu ressembles à Donald Trump.

À MÉDITER

Être optimiste, c'est partir en vacances avec ses enfants dans l'espoir de se reposer.

TU SAIS QUE TU AS BESOIN DE VACANCES QUAND...

- ... tu es aussi émotive qu'une ado de 14 ans.
- ... tu es capable d'insulter un ami qui se plaint du sable qui est trop chaud.
- ... même un week-end en Picardie te fait envie.
- ... tu as hâte d'être en week-end dès le lundi matin.

HISTOIRE DRÔLE

Un chef de service dit à un de ses employés :

« J'ai une bonne et une mauvaise nouvelle concernant tes vacances. Par quoi je commence ?

– Par fermer ta gueule. »

QUIZ

En France, en quelle année sont apparus les congés payés ?

a. 1936.

b. 1946.

c. 1789.

Réponse : a.

4 EXCUSES POUR PARTIR EN VACANCES SANS SA MOITIÉ

1. « Chéri(e), j'ai besoin de me recentrer, de retrouver mon vrai moi. »
2. « C'est une plage où il n'y a que des bars et pas de boutiques / des boutiques et pas de bars, tu vas t'y ennuyer. »
3. « Ce ne sont pas vraiment des vacances, juste un séminaire entre mon/ma secrétaire et moi. C'est boulot, boulot. »
4. Après avoir émis la possibilité de partir seul(e), elle/il m'a quitté(e).

TU SAIS QUE TU AS BESOIN DE VACANCES QUAND...

- ... tu te dis : « Tiens, et si j'allais faire un tour à Paris Plages. »
- ... tu commences à ajouter du Magic System à ta playlist.
- ... tu t'es collé un Post-it « Ne pas déranger » sur ton front.
- ... tu es Parisien et que, par mégarde, tu as dit bonjour à quelqu'un dans la rue.

PETITE ANNONCE

Recherchons famille d'accueil pour belle-mère du 14 juillet au 15 août. Très cultivée, elle sait tout. Bonne ménagère, elle fait tout mieux que les autres. CDD pouvant déboucher sur un CDI.

Tél. : 06 67…

INCROYABLE MAIS VRAI

En voilà deux qui ont sérieusement besoin de vacances. L'été dernier, un pilote et un copilote de la compagnie aérienne Iraqi Airways se sont violemment battus dans le cockpit à cause… d'un plateau-repas. Le tout à plus de 11 000 mètres d'altitude et avec 157 passagers à bord de leur avion reliant Manech à Bagdad. Les deux hommes ont été suspendus. Ils risquent une interdiction de voler à vie.

TU SAIS QUE TU AS BESOIN DE VACANCES QUAND...

- ... même avec la clim, il fait trop chaud pour travailler.
- ... tu as dit à ton médecin « je sodomise » au lieu de « je somatise ».
- ... tu viens de passer commande de 500 000 trombones au lieu de 50.
- ... tu manges dans des assiettes en carton, car tu n'as même plus le courage de faire la vaisselle.

3 MESSAGES D'ABSENCE AUTOMATIQUES POUR TA BOÎTE MAIL

1. Je ne suis pas au bureau. J'ai un portable, mais je ne vous donnerai pas le numéro. Si vous arrivez à le deviner, alors je vous répondrai.
2. Je suis en vacances, sans ordinateur, sans téléphone et sans la moindre trace de mauvaise conscience.
3. Je suis encore au bureau, mais j'ai découvert que ce système de réponse automatique a considérablement réduit ma charge de travail.

TU SAIS QUE TU AS BESOIN DE VACANCES QUAND...

... au bureau tu t'endors sur ton clavierrrrrrrrrrrrrrrrrrrrrrrrrrrrrrr
rrrrrrrrrrrrrrrrrrrrrrrrrrrrrrrr
rrrrrrrrrrrrrrrrrrrrrrrrrrrr
rrrrrrrrrrrrrrrrrrrrrrrr
rrrrrrrrrrrrrrrrrrrrrr
rrrrrrrrrrrrrrrrrrrr

ÉDITIONS FIRST
BOARDING PASS
FIRST CLASS
26B
NAME :
FLIGHT :
B 858
SEAT :
26 B
FIRST CLASS